¡Animales bebés en la naturaleza!

Potrillos de cebra en la naturaleza

por Marie Brandle

Bullfrog en español

Ideas para padres y maestros

Bullfrog Books permite a los niños practicar la lectura de textos informativos desde el nivel principiante. Las repeticiones, palabras conocidas y descripciones en las imágenes ayudan a los lectores principiantes.

Antes de leer
- Hablen acerca de las fotografías. ¿Qué representan para ellos?
- Consulten juntos el glosario de las fotografías. Lean las palabras y hablen de ellas.

Durante la lectura
- Hojeen el libro y observen las fotografías. Deje que el niño haga preguntas. Muestre las descripciones en las imágenes.
- Léale el libro al niño o deje que él o ella lo lea independientemente.

Después de leer
- Anime al niño para que piense más. Pregúntele: Los potrillos de cebra aprenden de sus mamás. ¿Qué aprenden ellos a hacer?

Bullfrog Books are published by Jump!
5357 Penn Avenue South
Minneapolis, MN 55419
www.jumplibrary.com

Library of Congress Cataloging-in-Publication Data

Names: Brandle, Marie, 1989– author.
Title: Potrillos de cebra en la naturaleza / por Marie Brandle.
Other titles: Zebra foals in the wild. Spanish
Description: Minneapolis, MN: Jump!, Inc., [2023]
Series: ¡animales bebés en la naturaleza!
Includes index. | Audience: Ages 5–8
Identifiers: LCCN 2022033942 (print)
LCCN 2022033943 (ebook)
ISBN 9798885242394 (hardcover)
ISBN 9798885242400 (paperback)
ISBN 9798885242417 (ebook)
Subjects: LCSH: Zebra—Infancy—Juvenile literature. | Foals—Juvenile literature.
Classification: LCC QL737.U62 B7318 2023 (print)
LCC QL737.U62 (ebook)
DDC 599.665/7—dc23/eng/20220719

Editor: Eliza Leahy
Designer: Molly Ballanger
Translator: Annette Granat

Photo Credits: Danita Delimont/Shutterstock, cover; Pavel Kovacs/Shutterstock, 1; DaddyBit/iStock, 3; GranTotufo/Shutterstock, 4, 23tl; Keith 316/Shutterstock, 5, 23bl; Elliott Neep/Minden Pictures/SuperStock, 6–7; KenCanning/iStock, 8; Villiers Steyn/Shutterstock, 9, 23tm; Stu Porter/Shutterstock, 10; kjekol/iStock, 10–11; Simon Eeman/Shutterstock, 12–13, 23br; JEAN-FR@NCOIS DUCASSE/Alamy, 14–15, 23tr; Petr Klimek/Alamy, 16–17; Victor1212/Shutterstock, 18; Stacey Ann Alberts/Shutterstock, 19; Anne Webber/Dreamstime, 20–21; Merrillie/iStock, 22; Maciej Czekajewski/Shutterstock, 23bm; Palenque/iStock, 24.

Printed in the United States of America at Corporate Graphics in North Mankato, Minnesota.

Un potrillo es un bebé.
Este se queda con mamá.

potrillo

Tabla de contenido

Rayas de color café 4

Las partes de un potrillo de cebra 22

Glosario de fotografías 23

Índice 24

Para aprender más 24

Rayas de color café

Una manada de cebras vive en una savana.

Mamá le lame el pelaje.

¿Por qué?

Esto lo mantiene limpio.

El potrillo tiene rayas
de color café.

Ellas se volverán negras.

raya

El potrillo tiene una melena.

melena

¡Cuidado!

Un león persigue
a la manada.

El potrillo corre rápido.

Sus largas patas
lo ayudan.

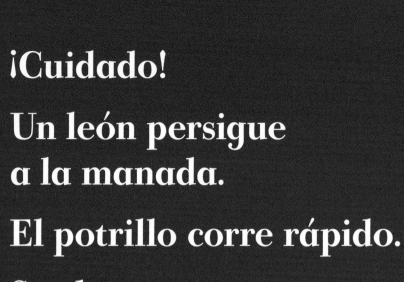

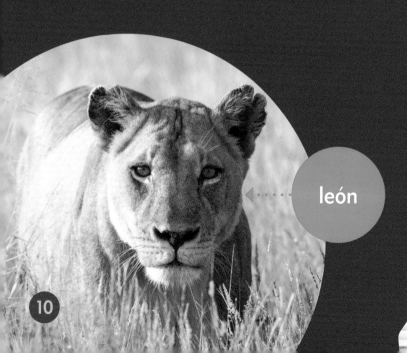

león

El león se detiene.

Él no puede ver al potrillo.

¿Por qué?

Sus rayas se camuflan.

El potrillo sigue a mamá.

Él reconoce sus rayas.

¡Cada cebra tiene
su propio patrón!

Las cebras comen pasto.
El potrillo aprende
dónde encontrarlo.

17

Él aprende dónde encontrar agua.

Él bebe.

19

Las cebras descansan.

Una vigila que no
haya leones.

¡Duerme bien!

Las partes de un potrillo de cebra

¿Cuáles son las partes de un potrillo de cebra?
¡Échales un vistazo!

melena

pelaje

cola

hocico

pata

pezuña

Glosario de fotografías

manada
Un grupo de animales que se quedan o se mueven juntos.

melena
El pelo grueso en la cabeza y el cuello de algunos animales.

patrón
Un arreglo de colores, formas y figuras que se repite.

potrillo
Una cebra joven.

savana
Una llanura plana cubierta de pasto con pocos árboles o ninguno.

se camuflan
Se parecen a cosas cercanas.

Índice

bebe 19

comen 17

corre 10

duerme 20

león 10, 13, 20

mamá 5, 7, 14

manada 4, 10

melena 9

patas 10

pelaje 7

rayas 8, 13, 14

savana 4

Para aprender más

Aprender más es tan fácil como contar de 1 a 3.

❶ Visita www.factsurfer.com

❷ Escribe "potrillosdecebra" en la caja de búsqueda.

❸ Elige tu libro para ver una lista de sitios web.